Goal Setting

- Be specific I your goals- I want to make Max a birthday cake as opposed to I'm going to bake a cake
- Set a deadline- decide when you want to meet your goal, it will keep you from just putting it off a while longer
- Be sure it is not open ended- I want to be better at tennis, what's better?
- Know what you need- if you are making a cake, you need ingredients; if you want to improve your swimming times, you will need a pool/lake and a swimsuit
- Know how you will get there- note down a few of the major steps you need to complete; whether it's buying ingredients or attracting clients to your budding business
- Track yourself- know how far you have gotten with your goal and what still needs to be done
- Finally **CELEBRATE!** You're awesome! You did what you set out to do

Goal 1

What do I want: _____
_____
_____

When will I achieve it: _____

What resources do I need: _____
_____
_____

Step 1: _____
_____

Step 2: _____
_____

Step 3: _____
_____

Step 4: _____
_____

Goal 2

What do I want: _____
_____
_____

When will I achieve it: _____

What resources do I need: _____
_____
_____

Step 1: _____
_____

Step 2: _____
_____

Step 3: _____
_____

Step 4: _____
_____

Goal 3

What do I want: _____
_____
_____

When will I achieve it: _____

What resources do I need: _____
_____
_____

Step 1: _____
_____

Step 2: _____
_____

Step 3: _____
_____

Step 4: _____
_____

Goal 4

What do I want: _____
_____
_____

When will I achieve it: _____

What resources do I need: _____
_____
_____

Step 1: _____
_____

Step 2: _____
_____

Step 3: _____
_____

Step 4: _____
_____

Goal 1:_____
_____
_____
_____
_____

Goal 2:_____
_____
_____
_____
_____

Goal 3:_____
_____
_____
_____
_____

Goal 4:_____
_____
_____
_____
_____

Date_____

Goal 1:_____
_____
_____
_____

Goal 2:_____
_____
_____
_____

Goal 3:_____
_____
_____
_____

Goal 4:_____
_____
_____
_____
_____

_____

Date_____

Goal 1:_____
_____
_____
_____

Goal 2:_____
_____
_____
_____

Goal 3:_____
_____
_____
_____

Goal 4:_____
_____
_____
_____
_____

Date_____

Goal 1:_____
_____
_____
_____

Goal 2:_____
_____
_____
_____

Goal 3:_____
_____
_____
_____

Goal 4:_____
_____
_____
_____
_____

Date_____

Goal 1:_____
_____
_____
_____

Goal 2:_____
_____
_____
_____

Goal 3:_____
_____
_____
_____

Goal 4:_____
_____
_____
_____

Date_____

Goal 1:_____
_____
_____
_____

Goal 2:_____
_____
_____
_____

Goal 3:_____
_____
_____
_____

Goal 4:_____
_____
_____
_____
_____

Date_____

Goal 1:_____
_____
_____
_____

Goal 2:_____
_____
_____
_____

Goal 3:_____
_____
_____
_____

Goal 4:_____
_____
_____
_____
_____

Date_____

Goal 1:_____
_____
_____
_____

Goal 2:_____
_____
_____
_____

Goal 3:_____
_____
_____
_____

Goal 4:_____
_____
_____
_____

Date_____

Goal 1:_____
_____
_____
_____

Goal 2:_____
_____
_____
_____

Goal 3:_____
_____
_____
_____

Goal 4:_____
_____
_____
_____

_____

Date_____

Goal 1:_____
_____
_____
_____

Goal 2:_____
_____
_____
_____

Goal 3:_____
_____
_____
_____

Goal 4:_____
_____
_____
_____
_____

Date_____

Goal 1:_____
_____
_____
_____

Goal 2:_____
_____
_____
_____

Goal 3:_____
_____
_____
_____

Goal 4:_____
_____
_____
_____
_____

Date_____

Goal 1:_____

_____

_____

_____

Goal 2:_____

_____

_____

_____

Goal 3:_____

_____

_____

_____

Goal 4:_____

_____

_____

_____

_____

_____

Date_____

Goal 1:_____
_____
_____
_____

Goal 2:_____
_____
_____
_____

Goal 3:_____
_____
_____
_____

Goal 4:_____
_____
_____
_____

_____

Date_____

Goal 1:_____
_____
_____
_____

Goal 2:_____
_____
_____
_____

Goal 3:_____
_____
_____
_____

Goal 4:_____
_____
_____
_____
_____

Date_____

Goal 1:_____
_____
_____
_____

Goal 2:_____
_____
_____
_____

Goal 3:_____
_____
_____
_____

Goal 4:_____
_____
_____
_____
_____

Date_____

Goal 1:_____
_____
_____
_____

Goal 2:_____
_____
_____
_____

Goal 3:_____
_____
_____
_____

Goal 4:_____
_____
_____
_____

_____

Date_____

Goal 1:_____
_____
_____
_____

Goal 2:_____
_____
_____
_____

Goal 3:_____
_____
_____
_____

Goal 4:_____
_____
_____
_____
_____

Date_____

Goal 1:_____
_____
_____
_____

Goal 2:_____
_____
_____
_____

Goal 3:_____
_____
_____
_____

Goal 4:_____
_____
_____
_____
_____

Date_____

Goal 1:_____
_____
_____
_____

Goal 2:_____
_____
_____
_____

Goal 3:_____
_____
_____
_____

Goal 4:_____
_____
_____
_____
_____

_____

Date_____

Goal 1:_____
_____
_____
_____

Goal 2:_____
_____
_____
_____

Goal 3:_____
_____
_____
_____

Goal 4:_____
_____
_____
_____

_____

Date_____

Goal 1:_____
_____
_____
_____

Goal 2:_____
_____
_____
_____

Goal 3:_____
_____
_____
_____

Goal 4:_____
_____
_____
_____
_____

Date_____

Goal 1:_____
_____
_____
_____

Goal 2:_____
_____
_____
_____

Goal 3:_____
_____
_____
_____

Goal 4:_____
_____
_____
_____

_____

Date_____

Goal 1:_____
_____
_____
_____

Goal 2:_____
_____
_____
_____

Goal 3:_____
_____
_____
_____

Goal 4:_____
_____
_____
_____
_____

Date_____

Goal 1:_____
_____
_____
_____

Goal 2:_____
_____
_____
_____

Goal 3:_____
_____
_____
_____

Goal 4:_____
_____
_____
_____
_____

Date _____

Goal 1: _____
_____
_____
_____

Goal 2: _____
_____
_____
_____

Goal 3: _____
_____
_____
_____

Goal 4: _____
_____
_____
_____
_____

Date_____

Goal 1:_____
_____
_____
_____

Goal 2:_____
_____
_____
_____

Goal 3:_____
_____
_____
_____

Goal 4:_____
_____
_____
_____
_____

_____

Date_____

Goal 1:_____
_____
_____
_____

Goal 2:_____
_____
_____
_____

Goal 3:_____
_____
_____
_____

Goal 4:_____
_____
_____
_____
_____

Date_____

Goal 1:_____
_____
_____
_____

Goal 2:_____
_____
_____
_____

Goal 3:_____
_____
_____
_____

Goal 4:_____
_____
_____
_____

Date_____

Goal 1:_____
_____
_____
_____

Goal 2:_____
_____
_____
_____

Goal 3:_____
_____
_____
_____

Goal 4:_____
_____
_____
_____

_____

Date_____

Goal 1:_____

_____

_____

_____

Goal 2:_____

_____

_____

_____

Goal 3:_____

_____

_____

_____

Goal 4:_____

_____

_____

_____

_____

Date_____

Goal 1:_____
_____
_____
_____

Goal 2:_____
_____
_____
_____

Goal 3:_____
_____
_____
_____

Goal 4:_____
_____
_____
_____

_____

Date_____

Goal 1:_____
_____
_____
_____

Goal 2:_____
_____
_____
_____

Goal 3:_____
_____
_____
_____

Goal 4:_____
_____
_____
_____

_____

Date_____

Goal 1:_____
_____
_____
_____

Goal 2:_____
_____
_____
_____

Goal 3:_____
_____
_____
_____

Goal 4:_____
_____
_____
_____
_____

Date_____

Goal 1:_____
_____
_____
_____

Goal 2:_____
_____
_____
_____

Goal 3:_____
_____
_____
_____

Goal 4:_____
_____
_____
_____

Date_____

Goal 1:_____
_____
_____
_____

Goal 2:_____
_____
_____
_____

Goal 3:_____
_____
_____
_____

Goal 4:_____
_____
_____
_____
_____

Date_____

Goal 1:_____
_____
_____
_____

Goal 2:_____
_____
_____
_____

Goal 3:_____
_____
_____
_____

Goal 4:_____
_____
_____
_____
_____

Date_____

Goal 1:_____

_____

_____

_____

Goal 2:_____

_____

_____

_____

Goal 3:_____

_____

_____

_____

Goal 4:_____

_____

_____

_____

_____

Date_____

Goal 1:_____
_____
_____
_____

Goal 2:_____
_____
_____
_____

Goal 3:_____
_____
_____
_____

Goal 4:_____
_____
_____
_____

Date_____

Goal 1:_____
_____
_____
_____

Goal 2:_____
_____
_____
_____

Goal 3:_____
_____
_____
_____

Goal 4:_____
_____
_____
_____
_____

Date_____

Goal 1:_____
_____
_____
_____

Goal 2:_____
_____
_____
_____

Goal 3:_____
_____
_____
_____

Goal 4:_____
_____
_____
_____

_____

Date_____

Goal 1:_____
_____
_____
_____

Goal 2:_____
_____
_____
_____

Goal 3:_____
_____
_____
_____

Goal 4:_____
_____
_____
_____

_____

Date_____

Goal 1:_____

_____

_____

_____

Goal 2:_____

_____

_____

_____

Goal 3:_____

_____

_____

_____

Goal 4:_____

_____

_____

_____

_____

Date_____

Goal 1:_____
_____
_____
_____

Goal 2:_____
_____
_____
_____

Goal 3:_____
_____
_____
_____

Goal 4:_____
_____
_____
_____
_____

Date_____

Goal 1:_____
_____
_____
_____

Goal 2:_____
_____
_____
_____

Goal 3:_____
_____
_____
_____

Goal 4:_____
_____
_____
_____
_____
_____

Date_____

Goal 1:_____
_____
_____
_____

Goal 2:_____
_____
_____
_____

Goal 3:_____
_____
_____
_____

Goal 4:_____
_____
_____
_____
_____

Date_____

Goal 1:_____
_____
_____
_____

Goal 2:_____
_____
_____
_____

Goal 3:_____
_____
_____
_____

Goal 4:_____
_____
_____
_____

_____

Date_____

Goal 1:_____
_____
_____
_____

Goal 2:_____
_____
_____
_____

Goal 3:_____
_____
_____
_____

Goal 4:_____
_____
_____
_____

_____

Date_____

Goal 1:_____

_____

_____

_____

Goal 2:_____

_____

_____

_____

Goal 3:_____

_____

_____

_____

Goal 4:_____

_____

_____

_____

_____

Date_____

Goal 1:_____
_____
_____
_____

Goal 2:_____
_____
_____
_____

Goal 3:_____
_____
_____
_____

Goal 4:_____
_____
_____
_____

_____

Date_____

Goal 1:_____
_____
_____
_____

Goal 2:_____
_____
_____
_____

Goal 3:_____
_____
_____
_____

Goal 4:_____
_____
_____
_____
_____

_____

Date_____

Goal 1:_____
_____
_____
_____

Goal 2:_____
_____
_____
_____

Goal 3:_____
_____
_____
_____

Goal 4:_____
_____
_____
_____
_____

Date_____

Goal 1:_____

_____

_____

_____

Goal 2:_____

_____

_____

_____

Goal 3:_____

_____

_____

_____

Goal 4:_____

_____

_____

_____

_____

Date_____

Goal 1:_____
_____
_____
_____

Goal 2:_____
_____
_____
_____

Goal 3:_____
_____
_____
_____

Goal 4:_____
_____
_____
_____
_____

Date_____

Goal 1:_____
_____
_____
_____

Goal 2:_____
_____
_____
_____

Goal 3:_____
_____
_____
_____

Goal 4:_____
_____
_____
_____
_____

Date_____

Goal 1:_____
_____
_____
_____

Goal 2:_____
_____
_____
_____

Goal 3:_____
_____
_____
_____

Goal 4:_____
_____
_____
_____
_____

Date_____

Goal 1:_____
_____
_____
_____

Goal 2:_____
_____
_____
_____

Goal 3:_____
_____
_____
_____

Goal 4:_____
_____
_____
_____
_____

Date_____

Goal 1:_____
_____
_____
_____

Goal 2:_____
_____
_____
_____

Goal 3:_____
_____
_____
_____

Goal 4:_____
_____
_____
_____
_____

_____

Date_____

Goal 1:_____
_____
_____
_____

Goal 2:_____
_____
_____
_____

Goal 3:_____
_____
_____
_____

Goal 4:_____
_____
_____
_____

_____

Date_____

Goal 1:_____
_____
_____
_____

Goal 2:_____
_____
_____
_____

Goal 3:_____
_____
_____
_____

Goal 4:_____
_____
_____
_____
_____

_____

Date_____

Goal 1:_____
_____
_____
_____

Goal 2:_____
_____
_____
_____

Goal 3:_____
_____
_____
_____

Goal 4:_____
_____
_____
_____

_____

Date_____

Goal 1:_____
_____
_____
_____

Goal 2:_____
_____
_____
_____

Goal 3:_____
_____
_____
_____

Goal 4:_____
_____
_____
_____

_____

Date_____

Goal 1:_____

_____

_____

_____

Goal 2:_____

_____

_____

_____

Goal 3:_____

_____

_____

_____

Goal 4:_____

_____

_____

_____

Date_____

Goal 1:_____
_____
_____
_____

Goal 2:_____
_____
_____
_____

Goal 3:_____
_____
_____
_____

Goal 4:_____
_____
_____
_____
_____

Date_____

Goal 1:_____
_____
_____
_____

Goal 2:_____
_____
_____
_____

Goal 3:_____
_____
_____
_____

Goal 4:_____
_____
_____
_____

Date_____

Goal 1:_____
_____
_____
_____

Goal 2:_____
_____
_____
_____

Goal 3:_____
_____
_____
_____

Goal 4:_____
_____
_____
_____

_____